Suosjećanje: Jedini put do mira

govor
Sri Mata Amritanandamayi

održan na
Filmskom festivalu saveza
Cinéma Vérité 2007. godine

12. listopada 2007. - Pariz, Francuska

Mata Amritanandamayi Center, San Ramon
Kalifornija, Sjedinjene Države

Suosjećanje: Jedini put do mira

Prijevod s malajalama na engleski:
Swami Amritaswarupananda Puri

Nakladnik:
   Mata Amritanandamayi Center
   P.O. Box 613
   San Ramon, CA 94583
   Sjedinjene Države

—— *Compassion: The Only Way to Peace (Croatian)* ——

Copyright © 2012. by Mata Amritanandamayi Mission Trust, Amritapuri, Kerala 690546, India
Sva prava rezervirana. Niti jedan dio ove publikacije ne smije se pohraniti u sustav za pohranu, prenositi, reproducirati, prepisati ili prevoditi na bilo koji jezik, u bilo kojem obliku, na bilo koji način, bez prethodnog dogovora i pismenog dopuštenja izdavača.

Prijevod s engleskog na hrvatski: Vlatka Kralj

Prvo izdanje MA Centru: travanj 2016

E adresa: amma.croatia@gmail.com
Internet stranica: www.ammacroatia.org
Evropska internet stranica: www.amma-europe.org

U Indiji:
   inform@amritapuri.org
   www.amritapuri.org

Uvod

Francuski filmski savez Cinéma Vérité je u listopadu 2007. godine zamolio Ammu da održi govor u kojem će se osvrnuti na povećanje broja prirodnih nesreća i onih kojima je uzrok čovjek. Savez Cinéma Vérité je postao svjestan Amme kao jedinstvenog duhovnog vođe i humanitarke zahvaljujući dokumentarnom filmu *Darshan: zagrljaj*, kojeg je režirao Jan Kounen 2005. godine. Ta se organizacija, pomoću filma, već dugo bavila buđenjem svijesti o ljudskim pravima. Inspiriran Kounenovim prikazom Amme, savez je osjetio da je došlo vrijeme za davanje njihove godišnje nagrade pojedincima koji se bave izvanrednim radom na uspostavi svjetskog mira i sklada. Ammi su prvoj dali tu čast.

Dodjela ove nagrade bila je organizirana u centru Pariza u kazalištu u Place de la Bastille, kao dio filmskog festivala saveza Cinéma Vérité 2007. godine. Ostali dužnosnici koji su sudjelovali na festivalu bili su dobitnik Nobelove nagrade

Uvod

za mir 1997. godine, Jody Williams, za Oskar nominirana glumica Sharon Stone i zagovarateljica socijalnih i ljudskih prava Bianca Jagger.

Ammu su predstavili i pozdravili gospođa Stone i gospodin Kounen. "Zaista ne postoji nitko kvalificiraniji od Amme tko bi mogao govoriti o miru", rekao je Kounen. "Ne samo da živi svoj život u miru, nego i sama potiče mir... Oduševljeni smo što Ammi možemo odati počast dajući joj prvu godišnju nagradu saveza Cinéma Vérité za njezin doprinos svjetskom miru i skladu."

Kounen je zatim govorio o svom iskustvu snimanja Amme, opisujući je kao osobu koja ima moć promijeniti druge. "Sretan sam što kao redatelj mogu birati teme svojih filmova", rekao je. "To mi je omogućilo provesti vrijeme s Ammom i imati priliku otkriti što radi i shvatiti tko je ona zapravo. Mogao sam otići na putovanje i donijeti nešto s njega – ovaj film. To mi je dalo priliku da pokažem drugima tko je Amma – kako sam je vidio, osjetio, doživio u vrijeme koje sam proveo s njom. Imao sam mogućnost prenijeti poruku drugima i svjedočiti da je ona osoba koja može promijeniti druge."

Kounen, koji je režirao igrane filmove i nekoliko dokumentaraca o mističnim kultura, je rekao da je njegovo iskustvo snimanja Amme bilo jedinstveno. "Osobno sam se u filmovima bavio temama duhovnosti, iscjeljivanja i čudotvornih moći. No, s Ammom sam otkrio da je magija nešto što se može vidjeti, nešto što ona radi upravo pred vašim očima. To je najupečatljivije o njoj. Stvari koje možete vidjeti svojim očima. To jednostavno morate snimiti za film - vidjeti to i drugima dati priliku da to vide. Želio bih joj zahvaliti što mi je dala priliku napraviti ovaj film. Hvala ti."

Nadalje je o Ammi govorila Sharon Stone. "Predstaviti sveca je veliki posao", rekla je. "Snimati anđela je nešto sasvim drugo. Film *Darshan* je izvanredno nadahnuće. No, život osobe koja služi drugima je nešto čemu svi možemo težiti. To je vlastiti izbor. To je odluka da služimo drugima. Kao što je Milton rekao kad je gubio svoj vid 'Jednostavno stajati i očekivati ne može biti od pomoći, samo stajati i očekivati od drugih.' Živimo u vrijeme kad je pomoć potrebnija nego ikad. Moramo učiniti nešto dobro. Moramo

Sharon Stone, za Oskar nominirana glumica, je predala Ammi prvu godišnju nagradu saveza Cinéma Vérité za njezin doprinos svjetskom miru i skladu.

napraviti nešto s ljubavlju. I moramo učiniti nešto milostivo."

"Amma je cijeli život bila milostiva. Ona je zagrlila 26 milijuna ljudi. To je činila ne samo kao davanje, nego kao primjer, primjer davanja i dobrote, primjer ne očekivanja od drugih. Ne očekivanja da uzmu njen zagrljaj i da to primijene u svom životu kao činjenje dobrih djela.

Molimo Vas pozdravimo ne samo sveca i anđela nego i osobu koja svoju dobrotu svakodnevno pokazuje na djelu."

Kao znak uvažavanja Amme i njezinog rada gospođa Stone je u ime saveza Cinéma Véritéa predala Ammi srebrnu ogrlicu i medaljon. To je bilo popraćeno glasnim pljeskom.

U svom govoru pod nazivom „Suosjećanje: jedini put do mira", Amma je ponudila realnu i konstruktivnu analizu problema s kojima se svijet danas suočava, ukazujući na određena područja nesklada i objasnila kako samo suosjećanje može dovesti do sklada.

Amma je vrlo otvoreno rekla vezano za sukob: "Sukob postoji već od početka svijeta.

Uvod

Tvrditi da ga je nemoguće u potpunosti iskorijeniti, uzrokuje mnogo tjeskobe. Ali to je istina, zar ne?"

Iako je Amma prihvatila da sukobi ne mogu biti u potpunosti iskorijenjeni, ona je sa žaljenjem govorila o nedostatku etike i kodeksa ponašanja u ratovanju. Objasnila je kako je u stara vremena pješadiji bilo dopušteno boriti se samo s pješadijom, konjanicima samo s konjanicima i tako dalje; kako nije bilo dopušteno napasti nenaoružanog vojnika niti naškoditi ženama ili djeci; kako su bitke završavale točno u sumrak i započinjale u zoru. „Takva je bila velika tradicija pravičnih ratova, u kojima se prema neprijatelju odnosilo s poštovanjem i ljubaznošću i na bojnom polju i izvan njega. Osjećaji i kultura građana neprijateljskog kraljevstva su također bili poštivani. Takav je bio svjetonazor ljudi koji su tada živjeli."

Amma je rekla da su današnji ratovi sasvim drukčiji: „U današnjim ratovima neprijateljska država uništava se u svakom smislu. Osvajači pljačkaju i monopoliziraju zemljišne posjede, prirodne resurse i bogatstva poražene države i koriste ih za svoja sebična uživanja. Kultura i tradicije koje su prenošene generacijama iskorijenjene su, a nevini ljudi ubijeni bez milosti."

Amma je rekla da je na čovječanstvo palo bezbroj prokletstava zbog nasilja i patnje koje je čovjek prouzročio. „Kako bi se oslobodilo tih prokletstava, barem sto budućih generacija trebale bi brisati suze onima koji pate, nastojeći ih utješiti i ublažiti njihovu bol," rekla je Amma. „Ne bismo li se sada, radi iskupljenja, morali pokušati preispitati?"

Nadalje, Amma je zamolila svjetske vođe da napuste svoje stare predodžbe i ideje vezane uz rat. "Vrijeme je da se završi s ljudskom okrutnošću i bezobzirnošću koje se provode u ime rata", rekla je ona. „Rat je proizvod neprosvijećenih umova. Takvi misaoni obrasci moraju se ukloniti te ih treba zamijeniti novim lišćem, cvijećem i plodovima suosjećanja i ljepote. Postupno ćemo uništiti unutarnjeg demona - "želju za ratom" koja je prokletstvo i za čovječanstvo i za prirodu. Tek tada moći ćemo ući u novu eru mira i sreće."

Amma je dalje govorila o sljedećem području sukoba, između znanosti i religije. "Zapravo, religija i znanost trebale bi ići ruku pod ruku",

Uvod

rekla je Amma. „I znanost bez religije i religija bez znanosti su nepotpune. No, društvo nas pokušava podijeliti na religiozne ljude i znanstvenike." Amma je ustvrdila da su znanost i religija vrlo slične u svojim potragama; jedna istražuje u vanjskom laboratoriju, a druga u unutarnjem laboratoriju svojeg uma. Amma je rekla: „Što je priroda doživljenog svijeta? Kako on funkcionira u savršenoj harmoniji? Odakle je došao? Kuda je krenuo? Kamo namjerava stići? Tko sam ja? … Tko postavlja ovakvu vrstu pitanja - ljudi vjere ili ljudi znanosti? I jedni i drugi."

"Trebali bi naučiti lekcije iz povijesti, ali ne bismo tamo trebali živjeti", zaključila je Amma. "Spoj znanosti i duhovnosti pomoći će nam da izađemo iz mračnih hodnika prošlosti na svjetlost mira, sklada i jedinstva".

Amma je također govorila o međureligijskom sukobu te rekla da zbog ljudske ograničenosti i neznanja, pokreti koji su trebali biti izvori svjetlosti, zapravo su bacali sjenu. "Duhovnost je ključ s kojim možemo otvoriti svoja srca i sve doživjeti sa suosjećanjem", rekla je Amma. "Ali zaslijepljeni sebičnošću, naši su umovi izgubili pravo rasuđivanje i naše je viđenje postalo iskrivljeno. Ta sebičnost samo stvara sve više tame. Umjesto da upotrijebimo taj ključ kako bismo njime otvorili svoja srca, naši umovi, koji su izgubili sposobnost razlučivanja, upravo tim istim ključem drže naša srca čvrsto zaključana."

Amma je velik dio svog govora usmjerila na uzroke povećanja nesklada između čovjeka i prirode, čije su strašne posljedice: potresi, tsunamiji, globalno zatopljenje, ekstremno vrijeme, suše i tako dalje. Amma je ponovno uspoređivala sadašnju situaciju s onom koja je bila u prošlosti. "U davna vremena nije bilo potrebno posebno čuvati okoliš, zato što je zaštita prirode bila dio štovanja Boga i samoga života", rekla je Amma. „Ljudi su se najviše prisjećali Boga tako što su voljeli i služili prirodu i društvo. Stvoritelja su vidjeli u onome što je stvorio. Voljeli su, obožavali i štitili prirodu kao vidljivi oblik Boga. Pokušajmo ponovno probuditi takav stav prema prirodi. Trenutno najveća prijetnja čovječanstvu nije treći svjetski rat, nego gubitak prirodnog sklada i njegova sve veća odvojenost od prirode. Trebamo

Uvod

razviti svijest onoga koji se nalazi u smrtnoj opasnosti. Samo tako čovječanstvo može preživjeti."

Amma je dala niz prijedloga za uspostavljanjem ponovnog sklada između čovjeka i prirode: povećati ograničenja zagađivanju tvornica, korištenje zajedničkih automobila i putovanje na kratke udaljenosti pješice ili biciklom. Također je preporučila da obitelji sade povrtnjake te da svaki pojedinac zasadi najmanje jedno stablo mjesečno.

"Priroda je naša prva majka", rekla je Amma. "Ona nas njeguje cijeli naš život. Naša rođena majka dozvoljava nam da joj sjedimo u krilu samo dok smo djeca, ali majka priroda strpljivo nosi našu težinu cijeli naš život. Ona nam pjeva uspavanku, hrani nas i miluje. Baš kao što dijete ima obveze prema svojoj rođenoj majci, svi bismo trebali osjećati obvezu i odgovornost prema majci prirodi. Zaboravimo li tu odgovornost, to je isto kao da smo zaboravili sami sebe. Zaboravimo li prirodu, prestat ćemo postojati jer tako idemo prema smrti."

Tijekom svog govora Amma je stalno isticala svoje uvjerenje da je suosjećanje jedino pravo rješenje. "Suosjećanje je temelj mira", rekla je Amma. "Ono se nalazi u svakom. No, ponekad ga je teško doživjeti i izraziti. Moramo se okrenuti prema unutra i tražiti duboko u sebi... Želimo li doprinijeti miru u vanjskom svijetu, najprije moramo sami postići mir."

Ammin govor, koji je istovremeno bio prevođen na engleski i francuski jezik, bio je dočekan velikim pljeskom. Taj je događaj bio priveden kraju ne riječima, već djelom - Amma je s ljubavlju zagrlila svakog sudionika tog programa i dala mu *darshan*.

Swami Amritaswarupananda Puri
Potpredsjednik Mata Amritanandamayi Math

Suosjećanje:
Jedini put do mira

govor
Sri Mata Amritanandamayi

12. listopada 2007. - Pariz, Francuska

Sukob postoji već od početka svijeta. Tvrditi da ga je nemoguće u potpunosti iskorijeniti, uzrokuje mnogo tjeskobe. Ali to je istina, zar ne? Razlog tomu jest taj što će dobro i zlo uvijek postojati u svijetu. U našem nastojanju da prihvatimo dobro i odbacimo loše, mogućnost sukoba ne može se u potpunosti isključiti. Takav sukob se manifestira gotovo u svim zemljama u oblicima kao što su unutarnja neslaganja, ratovi i štrajkovi. Iako je većina ratova uglavnom usmjerena na zaštitu pojedinih interesnih skupina, bilo je i rijetkih slučajeva u kojima su u obzir uzete potrebe ljudi te je postignuto veće dobro.

Nažalost, većinu ratova ljudi nisu vodili da bi se poduprijela istina i pravda, već su bili motivirani sebičnošću.

U razdoblju od otprilike 5.000 godina do vladavine velikog indijskog kralja Chandragupte Maurya, osnivača dinastije Maurya, istina i *dharma* [pravednost] imale su središnju ulogu u svim ratovima koji su se vodili u Indiji. Čak su i tad porazi i ako je to bilo potrebno, uništavanje neprijatelja bili dio rata. Međutim, postojala su jasna pravila kojih se trebalo pridržavati na bojnom polju i tijekom borbe.

Na primjer, pješadiji je bilo dopušteno boriti se samo s pješadijom, a konjanici su se mogli boriti samo s konjanicima. Ratnici na slonovima ili u bojnim kolima mogli su se boriti jedino sa sličnim protivnicima. Ista pravila primjenjivala su se i na one koji su se borili s buzdovanima, mačevima, kopljima te lukovima i strijelama. Vojniku nije bilo dopušteno napasti ozlijeđenog ili nenaoružanog vojnika, niti naškoditi ženama, djeci, starijima ili bolesnima. Bitke su započinjale u zoru puhanjem u školjku i završavale točno u sumrak te su vojnici obiju strana zaboravljali međusobno neprijateljstvo i blagovali zajedno. Bitka se zatim nastavljala sljedećeg jutra u svitanje.

Bilo je čak i slučajeva kad su pobjednički kraljevi s radošću vraćali cijelo kraljevstvo i sve osvojeno bogatstvo poraženom kralju ili njegovom zakonitom nasljedniku. Takva je bila velika tradicija pravičnih ratova, u kojima se prema neprijatelju odnosilo s poštovanjem i ljubaznošću i na bojnom polju i izvan njega. Osjećaji i kultura građana neprijateljskog kraljevstva su također bili poštivani. Takav je bio svjetonazor ljudi koji su tada živjeli.

Danas se u zračnim lukama i drugim objektima provode stroge sigurnosne mjere kako bi se spriječili teroristički napadi. Iako su takve mjere potrebne radi naše fizičke sigurnosti, one nisu konačno rješenje. U stvari, postoji jedan poseban eksploziv koji je razorniji od svega. Niti jedan stroj ga ne može otkriti. To je mržnja, nesklonost i osveta koja se nalazi u ljudskom umu.

Povezano s tim, Amma se prisjeća priče.

Starješina jednog sela slavio je svoj stoti rođendan. Mnogi dostojanstvenici i novinari prisustvovali su toj proslavi. Jedan od novinara ga je upitao: "Na što ste naročito ponosni u svom dugom životu?"

Starac je odgovorio: "Pa, živio sam sto godina i nemam niti jednog neprijatelja na ovoj planeti."

"Stvarno? Nije li to nevjerojatno!" primijetio je novinar. "Neka vaš život bude nadahnuće svima! Recite mi, molim vas, kako je to moguće?"

"Pa," odgovorio je starac: "To je vrlo jednostavno. Pobrinuo sam se da nitko od njih ne ostane živ!"

Ako ne iskorijenimo svoje razorne emocije, neće biti kraja ratu i nasilju.

U današnjim ratovima neprijateljska država uništava se u svakom smislu. Osvajači pljačkaju i monopoliziraju zemljišne posjede, prirodne resurse i bogatstva poražene države i koriste ih za svoja sebična uživanja. Kultura i tradicije koje su prenošene generacijama iskorijenjene su, a nevini ljudi ubijeni bez milosti.

Osim toga, mi ne možemo niti shvatiti koliko štetnih plinova ispuštaju bombe i druga oružja u ratu, zagađujući tako atmosferu i tlo. Kolike li su generacije prisiljene tjelesno i psihički trpjeti te posljedice! Posljedice rata, sve što ostaje nakon njega, su smrt, siromaštvo, glad i epidemije. Takvi su darovi rata čovječanstvu.

Danas, neke bogate zemlje potiču ratove jednostavno zato da bi promicale prodaju svog najnovijeg oružja. Bez obzira koje aktivnosti vršimo, čak i ako je to rat, cilj bi trebao biti zaštita istine i pravednosti. Amma ne kaže da je rat neizbježan. U principu, nikada nije vrijeme za rat. Ali hoćemo li moći u potpunosti iskorijeniti rat iz vanjskog svijeta dok sukob ostaje u glavama ljudi? To je nešto o čemu bismo stvarno trebali razmisliti.

Jedan od glavnih razloga brojnih sukoba u današnjem svijetu je odvajanje znanosti od religije. Zapravo, religija i znanost bi trebale ići ruku pod ruku. I znanost bez religije i religija bez znanosti su nepotpune.

No, društvo nas pokušava podijeliti na religiozne ljude i znanstvenike. Znanstvenici tvrde da su religija i duhovnost utemeljene na slijepom vjerovanju, a znanost na eksperimentalno dokazanim činjenicama. Njihovo je pitanje: na kojoj si ti strani? Na strani vjere ili na strani činjenica?

Nije ispravno tvrditi da su religija i duhovnost utemeljene na slijepom vjerovanju i da njihova načela nisu dokazana. U stvari, duhovni su se učitelji možda podvrgli čak i iscrpnijem istraživanju negoli suvremeni znanstvenici. Baš kao što moderni znanstvenici istražuju vanjski svijet, veliki mudraci provode istraživanje u unutarnjim laboratorijima svojih umova. S ove točke gledišta, oni su znanstvenici. U stvarnosti, temelj prave religije nije slijepa vjera; to je *sraddha*. *sraddha* je samoispitivanje - intenzivno istraživanje unutar vlastitog sebstva.

Što je priroda doživljenog svijeta? Kako on funkcionira u savršenom skladu? Odakle je došao? Kuda je krenuo? Kamo namjerava stići? Tko sam ja? Takvo je bilo njihovo istraživanje. Tko postavlja ovakvu vrstu pitanja - ljudi vjere ili ljudi znanosti? I jedni i drugi.

Mudraci prošlosti nisu bili samo veliki intelektualci; bili su vidjeoci koji su ostvarili istinu. Intelektualci bez sumnje koriste društvu. Međutim, puke riječi i misli nisu dovoljne. Ljudi koji žive po ovim principima zapravo udahnjuju život i ljepotu u te riječi i misli.

Nekada davno živio je mudrac, *mahatma* [velika duša] koji je napisao knjigu pod naslovom Suosjećanje u životu. Da bi prikupio sredstva za objavljivanje knjige, pozvao je ljude za koje je znao da bi mu mogli pomoći. Međutim, baš kad je bilo vrijeme da se knjiga pošalje u tisak, izbila je glad u njegovom selu i mnogi su ljudi umirali. Bez imalo razmišljanja, on je novac namijenjen tiskanju knjige upotrijebio kako bi nahranio siromašne i gladne. Njegovi pomagači su bili uzrujani. Pitali su: "Što si učinio? Kako ćemo tiskati knjigu? Siromaštvo i glad su uobičajene pojave. Rođenje i smrt stalno se događaju u ovom svijetu. Nije bilo potrebno potrošiti toliko novaca u ime ove prirodne nesreće." *Mahatma* nije odgovorio, već se samo nasmiješio.

Nakon nekog vremena vratio se dobročiniteljima moleći ih da mu ponovno pomognu tiskati knjigu. Iako su bili neodlučni, pristali su. No, dan prije nego li je knjiga trebala ići u tisak, dogodio se veliki potop. Poginulo je na tisuće ljudi, a mnogo više ih je izgubilo svoje domove i posjede. *Mahatma* je opet iskoristio sav novac za pomoć stradalima. Taj su puta pomagači bili još više uzrujani. Oštro su razgovarali s njim. No, kao i prije, nije reagirao na njihove riječi i samo se nasmiješio.

Kada je knjiga konačno tiskana, njezin je naslov bio Suosjećanje u životu: treća knjiga. Bijesni su ga pomagači ispitivali: "Hej, zar ti ne bi trebao biti *sannyasi* [sljedbenik istine]? Kako možeš tako lagati? Kako ovo može biti treća knjiga? Gdje je prva i druga knjiga? Pokušavaš li od nas napraviti budale?"

Mahatma je odgovorio: "Zapravo je ovo treća knjiga. Prva je tiskana kad je naselje patilo od gladi. Druga je tiskana kad je tisuće nevinih ljudskih života i imovinu odnijela poplava. Prve dvije knjige pokazale su nam kako unijeti suosjećanje u naš život na praktičnoj razini. Moji dragi prijatelji, knjige su samo beživotne riječi. Kad živo ljudsko biće vapi za pomoći, ako ne možemo pružiti ruku ljubavi da mu pomogne, koja je onda svrha knjige koja opisuje suosjećanje?"

Želimo li unijeti život i svijest u naše riječi i misli, one ne bi trebale ostati samo misli i riječi. Da bi se taj cilj postigao, moramo tražiti put na kojem religija i moderna znanost skladno napreduju. To jedinstvo ne bi trebalo biti samo izvana. Moramo poduzeti odlučnu akciju kako bismo određene aspekte religije i znanosti razumjeli i usmjerili ih na korist društvu.

Ako je nečiji um isključivo znanstveni, neće biti suosjećajnosti. Sklonost takvog uma jedino je napad, svladavanje i uznemirivanje drugih. Međutim, kad znanstveni um dolazi zajedno s razumijevanjem duhovnosti - unutarnje bîti religije - suosjećanje i naklonjenost svim živim bićima spontano se javljaju.

Svjetska se povijest u prvom redu sastoji od priča punih neprijateljstava, osvete i mržnje. Rijeke krvi koje je čovjek prolio u svom nastojanju da sve zgrabi za sebe i sve pokori, još se uvijek nisu osušile. U stvari, kad gledamo u prošlost, izgleda kao da ljudski rod nije posjedovao ni mrvicu suosjećanja, toliko su okrutna bila naša djela.

Trebali bismo naučiti lekcije iz povijesti, ali ne bismo tamo trebali živjeti. Spoj znanosti i duhovnosti pomoći će nam da izađemo iz mračnih hodnika prošlosti na svjetlost mira, sklada i jedinstva.

Suosjećanje: Jedini put do mira

Duhovnost je ključ s kojim možemo otvoriti svoja srca i sve doživjeti sa suosjećanjem. Ali zaslijepljeni sebičnošću, naši su umovi izgubili pravo rasuđivanje i naše je viđenje postalo iskrivljeno. Ta sebičnost samo stvara sve više tame. Umjesto da upotrijebimo taj ključ kako bismo njime otvorili svoja srca, naši umovi, koji su izgubili sposobnost razlučivanja, upravo tim istim ključem drže naša srca čvrsto zaključana.

Evo priče o četiri muškarca koji su putovali da bi sudjelovali na vjerskoj konferenciji te su morali zajedno provesti noć na otoku. Bila je to izrazito hladna noć. Svaki je putnik nosio snopić drva i kutiju šibica u svom zavežljaju i svaki od njih je mislio da je samo on ponio drva i šibice.

Jedan od muškaraca je razmišljao: "Sudeći prema medaljonu oko vrata ovog čovjeka, rekao bih da je pripadnik neke druge religije. Ako zapalim vatru, on će također imati koristi od topline. Zašto da koristim svoje dragocjeno drvo kako bi se on ugrijao?"

Drugi čovjek je pomislio: "Taj je čovjek iz zemlje koja se uvijek borila protiv nas. Ne bih mogao zamisliti da upotrijebim svoje drvo da njemu bude ugodno!"

Treći čovjek pogledao je jednog od njih i opravdao se pred sobom: "Znam tog momka. On spada u sektu koja uvijek stvara probleme mojoj religiji. Neću trošiti svoje drvo zbog njega!"

Četvrti čovjek je bio zaokupljen mišlju: "Koža onog čovjeka je drukčije boje, i mrzim to! Nema šanse da koristim svoja drva na njega!"

Na kraju, ni jedan od njih nije bio spreman zapaliti svoja drva da bi zagrijao druge i tako su se do jutra svi smrznuli. Slično tome, mi gajimo neprijateljstvo prema drugima u ime vjere, nacionalnosti, rase i kaste, bez suosjećanja prema našim bližnjima.

U ime mira održavamo mnogo konferencija. Kakvim se stvarnim promjenama možemo nadati, budemo li samo sjedili za stolom i razgovarali? Kad je sve rečeno i učinjeno i kad smo se rukovali na rastanku, jesmo li pri tome stvarno osjećali toplinu ljubavi i suosjećanja? Ako nismo, pravi dijalog se nije dogodio. Za pravi dijalog nužan je osjećaj otvorenosti i srdačnosti, osjećaj jednote, a zidovi izgrađeni od neprijateljstva, predrasuda i osveta moraju nestati.

Svi smo zabrinuti zbog zaštite okoliša. Međutim, ipak ne učimo lekcije kojima nas podučava priroda. Dovoljno je promatrati prirodu zimi. Stabla su odbacila svoje staro lišće i više ne donose plod. Tada čak i ptice rijetko sjedaju na stabla. No, kako dolazi proljeće, cijela se priroda mijenja. Novo lišće niče iz stabala i trsova te stabla postaju prekrivena cvjetovima i plodovima. Ptice trepere krilima i posvuda se čuje njihov cvrkut. Sve uokolo zamiriši i oživi. Ista ona stabla koja su se samo nekoliko mjeseci prije činila beživotna, sada su prepuna novog života i ljepote.

Učeći na ovom primjeru iz prirode, države i državnici bi trebali napustiti svoje stare predodžbe i ideje vezane uz rat. Vrijeme je da se završi s ljudskom okrutnošću i bezobzirnošću koje se provode u ime rata. Rat je proizvod neprosvijećenih umova. Takvi misaoni obrasci moraju se ukloniti te ih treba zamijeniti novim lišćem, cvijećem i plodovima suosjećanja i ljepote. Postupno ćemo uništiti unutarnjeg demona - "želju za ratom" koja je prokletstvo i za čovječanstvo i za prirodu. Tek tada moći ćemo ući u novu eru mira i sreće.

Suosjećanje je temelj mira. Ono se nalazi u svakom. No, ponekad ga je teško doživjeti i izraziti. Moramo se zagledati u sebe i tražiti duboko u sebi: „Treperi li moje srce još uvijek od života? Mogu li još uvijek osjetiti izvor ljubavi i suosjećanja u sebi? Treperi li i dalje moje srce kad osjeti bol i žalost drugih? Jesam li plakao zajedno s onima koji su patili? Jesam li uistinu pokušao obrisati njihove suze i utješiti ih? Jesam li im pokušao dati barem malo hrane ili odjeće?" Trebali bi se tako iskreno preispitivati. Tada će umirujuća mjesečina suosjećanja spontano sjati u našim umovima.

Želimo li doprinijeti miru u vanjskom svijetu, najprije sami moramo postići mir. Mir se ne može postići razumom. On se postiže iskustvom.

Suosjećanje i bliskost s ljudima čine vođu doista hrabrim. Ratovati mogu svi koji imaju bogatstvo, oružje i znanje. No, nitko ne može poraziti snagu ljubavi i pravo jedinstvo.

Kad bi barem naši umovi iskreno shvatili, a naše oči, uši i ruke osjetile tugu i bol drugih!

Kolika bi se samoubojstva tad izbjegla? Koliko bi bilo sitih, odjevenih i zaštićenih ljudi? Koliko djece ne bi bilo siročad? Kolikim bi se ženama moglo pomoći da prežive i da više ne prodaju svoja tijela? Kolikim bi teškim bolesnicima bili osigurani lijekovi i liječenje? Koliko bi se sukoba radi novaca, slave i položaja moglo izbjeći?

Suosjećanje možemo njegovati tako da se prema svim predmetima koje smatramo neživima, kao što su kamenje, pijesak, stijena, drvo i tako dalje, počnemo odnositi s ljubavlju i poštovanjem. Kad osjećamo ljubav i suosjećanje prema neživim predmetima, postaje nam lakše osjećati ljubav i suosjećanje prema stablima, trsju, pticama, životinjama, životu u oceanima, rijekama, planinama i ostaloj prirodi. Kad ćemo moći to osjećati, početi ćemo suosjećati sa svim ljudima.

Ne bismo li trebali biti zahvalni stolcu i stijeni koji nam pružaju mjesto za sjedenje i odmor? Ne bismo li trebali biti zahvalni majci Zemlji koja nam sa strpljivošću daje da slobodno trčimo, skačemo i igramo se na njoj? Ne bismo li trebali biti zahvalni pticama koje nam pjevaju, cvijeću koje za nas cvate, stablima koja nam daju hladovinu i rijekama koje teku za nas?

Svaki nas dan pozdravlja novo svitanje. Noću kad spavamo i sve zaboravljamo, svašta nam se može dogoditi, čak i smrt. Da li ikada zahvaljujemo Velikoj Moći što nas blagoslivlja jutrom i daje nam da djelujemo kao i prije, a da se ništa nije promijenilo u našem tijelu i umu? Gledajući tako, ne bismo li trebali biti zahvalni svima i svemu? Zahvalnost mogu izraziti samo suosjećajni ljudi.

Čovjek je uzrok mnogim ratovima i smrti kojima kao da nema kraja. On je uzrok i mnogim prolivenim suzama nevinih žrtava tih tragedija. Zašto se svi ti ratovi događaju? Isključivo radi osvajanja, želje za nadmoći i zadovoljavanja naše pohlepe za novcem i slavom. Time je na čovječanstvo palo bezbroj prokletstava. Kako bi se oslobodilo tih prokletstava, barem sto budućih generacija trebale bi brisati suze onima koji pate, nastojeći ih utješiti i ublažiti njihovu bol. Ne bismo li se sada, radi iskupljenja, morali pokušati preispitati?

Suosjećanje: Jedini put do mira

Niti jedan vođa, gladan moći, sebičan, sklon zaštiti samo vlastitih interesa, nikad nije postigao mir i sreću osvajanjem svijeta i progonom ljudi. Smrt tih ljudi, kao i njihovi životi bili su pakao na zemlji. Ovu je veliku istinu dokazala i povijest. Stoga bismo sa zahvalnošću trebali prihvatiti dragocjenu priliku koju imamo i krenuti dalje putem mira i suosjećanja.

Ništa ne donosimo sa sobom, niti išta uzimamo sa sobom kad napuštamo ovaj svijet. Moramo naučiti biti mirni i nevezani za svijet i materijalne predmete te spoznati da nam oni nikad neće dati vječnu, istinsku sreću.

Kao što svi znamo, Aleksandar Veliki bio je ratnik i vladar koji je pokorio gotovo trećinu svijeta. Htio je postati vladar cijelog svijeta, ali se ozbiljno razbolio kad je bio pobijeđen u jednoj borbi. Aleksandar je, nekoliko dana prije svoje smrti, pozvao svoje ministre da razgovaraju o pogrebnim pojedinostima. Opisao je kako bi volio otvore na obje strane lijesa kroz koje bi mu visjele ruke s otvorenim dlanovima. Ministri su pitali svoga gospodara zašto bi to želio.

Aleksandar je objasnio da bi tako svi znali da je "Veliki Aleksandar", koji je cijeli svoj život posvetio stjecanju posjeda i osvajanju, napustio svijet potpuno praznih ruku. Čak niti svoje tijelo nije ponio sa sobom. Time bi shvatili da je uzaludno trošiti život gomilajući bogatstvo.

Moramo shvatiti prolaznost svijeta i materijalnih stvari koje su privremene i ne možemo ih ponijeti sa sobom nakon smrti.

Sve u svemiru ima svoj ritam. Vjetar, kiša, valovi, protok našeg daha i otkucaji našeg srca - sve ima svoj ritam. Isto tako, postoji ritam u životu. Naše misli i akcije daju ritam i melodiju našem životu. Kad naše misli nisu u ritmu, to se odražava u našim akcijama. Tada naš život postaje izbačen iz ritma života. To danas vidimo svuda oko nas.

U današnje vrijeme zrak postaje sve zagađeniji, a i voda također. Rijeke isušuju. Šume se uništavaju. Šire se nove bolesti. Nastavi li se tako, velika se katastrofa sprema cijeloj prirodi i čovječanstvu.

Amma će dati primjer kako bi ilustrirala učinak zagađivanja na okoliš. Amma još uvijek pamti događaje iz djetinjstva. Kad se dijete ozlijedilo, njegova majka bi prekrila ranu kravljim izmetom. To bi pomoglo bržem zacjeljivanju rane. Ali, kad bismo to učiniti danas, rana bi se inficirala. To bi čak moglo dovesti do smrti. Danas je kravlji izmet otrovan. Što je prije bilo ljekovito, danas je otrovno.

Današnja generacija ne živi u skladu s prirodom. Sve oko nas je umjetno. Danas jedemo voće i žitarice uzgojeno pomoću umjetnih gnojiva i pesticida. Dodajemo konzervanse da bismo povećali njihovu trajnost. Tako, svjesno ili nesvjesno, stalno jedemo zatrovanu hranu. Rezultat toga je pojava mnogih novih bolesti. Prosječni životni vijek je davno u prošlosti bio preko 100 godina. No, danas ljudi žive samo 80 godina ili manje, a više od 75% stanovništva pati od neke bolesti.

Osim što je hrana koju jedemo i voda koju pijemo, postala zagađena, čak je i zrak koji udišemo postao zatrovan. Čovjekov imunološki sustav zbog toga slabi. Već velik broj ljudi diše pomoću inhalatora i taj broj neprestano raste. Za nekoliko godina mogli bismo hodati uokolo sa spremnicima zraka za disanje, poput astronauta u svemiru. Većina ljudi je danas alergična na nešto, čak i na većinu naizgled beznačajnih stvari. Zbog našeg sve većeg otuđenja od prirode, postaje nam sve teže živjeti.

Osim što su se danas ljudi otuđili od prirode, životinje i biljke koje uzgajamo i njegujemo isto su tako odvojeni od nje. Divlje biljke preživljavaju bez obzira na vrijeme, prilagođavajući se prirodnim uvjetima. No, kućne biljke ne mogu podnijeti nametnike i moraju se prskati pesticidima. Ne mogu prirodno opstati pa trebaju mnogo posebne brige.

Šume se uništavaju te njihova mjesta preuzimaju stambena naselja. Mnogo ptica gradi svoja gnijezda u tim naseljima. Pogledamo li bolje, vidjet ćemo da su gnijezda napravljena od žice i komada plastike. To je zato što ima sve manje drveća. Velika je mogućnost da u budućnosti uopće ne bude drveća. Ptice uče kako se prilagoditi novoj okolini.

Stanje s pčelama je slično. Normalno je da pčele u potrazi za nektarom bez problema putuju i do tri kilometra od svojih košnica. No, u današnje vrijeme, one se nakon skupljanja nektara ne mogu sjetiti svog puta natrag u košnicu pa se izgube. Ne mogu naći svoju košnicu i uginu. Na određeni način možemo reći da zahvaljujući pčelama imamo hranu. Pčele igraju vitalnu ulogu u očuvanju prirode i društva. One oprašuju biljke koje nam zato daju voće i žitarice. Na isti način, svako je pojedino biće korisno čovječanstvu. Opstanak svakog bića na zemlji ovisi o drugim bićima. Ako je motor aviona oštećen, on ne može letjeti. Ali čak i ako je samo jedan vijak bitno oštećen, avion također ne može letjeti. Slično tome, čak i najmanje živo biće igra važnu ulogu. Sva živa bića trebaju našu pomoć da bi preživjela. Mi smo odgovorni i za njih.

Stalnim rastom stanovništva na zemlji postaje sve teže proizvesti dovoljno hrane i žitarica kako bi se prehranili svi ljudi. Radi rješavanja toga problema znanstvenici istražuju razne umjetne metode povećanja produktivnosti usjeva, kao što su na primjer kemijska gnojiva. Tako biljke, kojima je prije trebalo šest mjeseci da bi dale plod, sad plod daju za samo dva mjeseca. Problem je u tome da takvo povrće sadrži samo trećinu nutritivne vrijednosti u odnosu na onu koju je imalo ranije. Životni vijek ovakvih biljaka drastično je smanjen. Vrlo lako možemo zaključiti da nam naše umjetne metode ne daju željene rezultate.

Priroda je poput patke koja nosi zlatna jaja. Ali ako ubijemo patku i pokušamo zgrabiti sva zlatna jaja odjednom, izgubit ćemo sve. Moramo prestati zagađivati i iskorištavati majku prirodu. Moramo ju zaštititi kako bismo osigurali naš opstanak i opstanak budućih generacija. Priroda je poput stabla koje čovječanstvu daje obilje, ispunjavajući tako njegove želje. Ali mi smo danas u situaciji budale koja pili granu na kojoj sjedi.

Ako broj naših bijelih krvnih stanica raste, to može biti znak raka. Bijela krvna zrnca nisu sama po sebi opasna, no povećaju li se iznad određene točke, možemo oboljeti. Isto tako, da bismo preživjeli, trebamo prirodne resurse. Ali ako ih iskorištavamo i štetimo prirodi, to postaje opasno i za nas i za druge.

Amma ima molbu. Svaka osoba na ovom planetu trebala bi odigrati svoju ulogu u obnovi sklada s prirodom. Najprije bismo trebali učiniti sve što možemo da zaustavimo onečišćenje. Tvornice i industrije su potrebne, ali moramo pronaći nove načine za smanjenje zagađenosti zraka i vode koje one uzrokuju. Također je bitno da tvornice gradimo daleko od naselja.

Ako petero ljudi koji žive i rade u blizini jedan drugoga, naprave raspored za korištenje zajedničkog automobila i naizmjence voze jedni druge na posao, tada se pet automobila može zamijeniti jednim.

Kad bi to cijela zemlja učinila, 100.000 automobila bi se smanjilo na 20.000. Zagađivanje bi se znatno smanjilo i uštedjela bi se potrošnja ulja. Svi znamo kako se zalihe ulja ubrzano smanjuju. Korištenjem zajedničkih automobila na ovaj način, duže bismo sačuvali naša ulja, ali bismo postigli i ono najvažnije, povećali bismo ljubav i suradnju među ljudima. Amma osjeća da bismo ovaj savjet svi mogli primjenjivati u svakodnevnom životu.

Putujemo li na kratke udaljenosti, umjesto da trošimo gorivo, možemo voziti bicikle, što bi nam istodobno bila vježba. Nedostatak vježbanja danas je jedan od glavnih razloga povećanja bolesti. Neke majke žale se Ammi kako troše previše novaca na članarinu svoje djece u teretani. Na

Ammino pitanje kako njihova djeca dolaze u teretanu, kažu da ih odvoze automobilom, čak i kad je teretana udaljena samo nekoliko kilometara. Djetetu bi dovoljna vježba bila i hodanje do teretane, a novac za članarinu ostao bi sačuvan.

Ljudi sve manje sade povrtnjake. Čak i ako imamo samo maleni komad zemlje, morali bismo se potruditi uzgojiti nešto povrća, koristeći organska gnojiva. Provodeći vrijeme s našim biljkama, trebali bismo im pričati i ljubiti ih. Takav odnos s prirodom dat će nam novu vitalnost.

Šume igraju najvažniju ulogu u održavanju sklada u prirodi. Samo zahvaljujući njima postoji privid sklada u današnjem svijetu. Svaka bi država trebala pokušati zaštititi svoje preostale šume i zasaditi što je više moguće stabala. Svi bismo se trebali obvezati zasaditi barem jedno stablo mjesečno, tako da u godini dana svatko posadi 12 stabala. Kad bi tako svi napravili, mogli bismo u vrlo kratkom razdoblju vratiti svijetu prirodnu ljepotu. Amma je čula za određenu vrstu drveta [drvo tabonuco na Karibima] čiji korijeni se ispreplićui kaleme na druga obližnja drveća. Bez obzira koliko snažan vjetar bio, on ne može iščupati takva stabla. Živimo li skladno s prirodom u ljubavi i jedinstvu, imat ćemo snage za prevladavanje bilo kakve nedaće.

Priroda je naša prva majka. Ona nas njeguje cijeli naš život. Naša rođena majka dozvoljava nam da joj sjedimo u krilu samo dok smo djeca, ali majka priroda strpljivo nosi našu težinu cijeli naš život. Ona nam pjeva uspavanke, hrani nas i miluje. Baš kao što dijete ima obvezu prema svojoj rođenoj majci, svi bismo trebali osjećati obvezu i odgovornost prema majci prirodi. Zaboravimo li tu odgovornost, to je isto kao da smo zaboravili sami sebe. Zaboravimo li prirodu, prestat ćemo postojati jer tako idemo prema smrti.

U davna vremena nije bilo potrebno posebno čuvati okoliš, zato što je zaštita prirode bila dio štovanja Boga i samoga života. Ljudi su se najviše prisjećali Boga tako što su voljeli i služili prirodu i društvo. Stvoritelja su vidjeli u onome što je stvorio. Voljeli su, obožavali i štitili prirodu kao vidljivi oblik Boga.

Pokušajmo ponovno probuditi takav stav prema prirodi. Trenutno najveća prijetnja čovječanstvu nije treći svjetski rat, nego gubitak prirodnog sklada i njegova sve veća odvojenost od prirode. Trebamo razviti svijest onoga koji se nalazi u smrtnoj opasnosti. Samo tako čovječanstvo može preživjeti.

Život postaje potpun tek kad se čovječanstvo i priroda razvijaju zajedno i u skladu. Glazba postaje lijepa i ugodna uhu kad se melodija i ritam nadopunjuju. Isto tako, život može postati prekrasna pjesma kad ljudi žive u skladu sa zakonima prirode.

Priroda je veliki rascvjetani vrt. Životinje, ptice, drveće, biljke i ljudi rascvjetalo su vrtno cvijeće različitih boja. Ljepota ovoga vrta je potpuna tek ako sve to postoji, a tako se šire ljubav i jedinstvo. Neka se svi naši umovi sjedine u ljubavi. Neka zajedničkim radom spriječimo odumiranje ovih raznolikih cvjetova, tako da vrt ostane vječno lijep.

Amma bi vam sada željela iznijeti još nekoliko svojih ideja za koje osjeća da su vrijedne promišljanja.

1. Zamislite da je ljudska rasa nestala s lica zemlje. Planet bi ponovno bujao vegetacijom. Voda i zrak postali bi čisti. Sva priroda bila bi

ispunjena radošću. S druge strane, zamislite da nitko drugi i ništa drugo ne živi na Zemlji, osim ljudskih bića. Mi tada ne bismo mogli preživjeti. Zemlja koju je stvorio Bog i pjesma koja nastaje u prirodi u savršenom su skladu i ritmu. Samo ljudsko biće donosi note nesklada.

2. Izvori mira i sklada su ljubav i suosjećanje. Zahvaljujući ljubavi procvjetat će nježan pupoljak našeg srca. Tada će se prekrasan ugodan miris ljubavi proširiti svuda uokolo.

3. Ptica društva ima dva krila: znanost i duhovnost. Oni moraju ići ruku pod ruku, zato što su oboje potrebni za napredak društva. Ako se krećući naprijed držimo duhovnih vrijednosti, onda znanost može postati sredstvo ostvarenja svjetskog mira i sklada.

4. Nikada ne smijemo izgubiti svoju unutarnju snagu. Samo slabi umovi vide tamnu stranu svega i postaju zbunjeni. Umovi prožeti optimizmom vide zrake Božje milosti u bilo kojoj vrsti tame. Svjetiljka te vjere je u nama. Upalite tu svjetiljku i ona će širiti svoju svjetlost vodeći svaki naš korak. Nemojmo ostati zaglavljeni u bolnim sjećanjima na rat i sukobe iz prošlosti.

Zaboravite tamnu povijest mržnje i suparništva i pozdravite novo vrijeme vjere, ljubavi i jedinstva. Zato, svi moramo raditi zajedno. Niti jedan trud, bez obzira kako malen bio, neće nikada biti uzaludan. Čak i ako samo jedan cvijet cvate u središtu pustinje, i to ima svoju vrijednost. Taj stav trebamo razviti prilikom naših aktivnosti. Naše sposobnosti mogu biti ograničene, ali ako veslamo brod života veslom vlastitog truda, vjetar Božje milosti sigurno će nam doći u pomoć.

5. Trebamo biti spremni za promjenu. U protivnom, bit ćemo se prisiljeni promijeniti. Ne promijenimo li se, čeka nas smrt - moramo odabrati jedno ili drugo.

6. Ljudska rasa treba shvatiti da ona nije jedina vrsta s pravom na život. Koliko je već vrsta izumrlo! Nije dovoljno imati ljubaznosti i suosjećanje samo za ljudska bića, moramo imati takvo suosjećanje prema svim živim bićima.

7. Nećemo moći pobjeći od bolesti samo uništavanjem populacija komaraca, kokoši i krava. Obnova prirodnog sklada trebala bi biti naš prvi prioritet.

Suosjećanje: Jedini put do mira

Ako je izvor rata u umu čovjeka, onda se izvor mira također nalazi ondje. Ako želimo spriječiti rat u budućnosti, moramo početi usađivati vrijednosti našoj djeci već u najranijoj dobi. Ako želimo napraviti jogurt, sve što trebamo učiniti jest dodati malu količinu jogurta u određenu količinu mlijeka, promiješati ga i ostaviti da stoji neko vrijeme. Slično tome, roditelji mogu vlastitim dobrim primjerom prenijeti pozitivne vrijednosti svojoj djeci. Tada kod djece spontano nastaju plemenite osobine.

Kad Amma putuje po svijetu, ljudi iz ratom pogođenih zemalja često dolaze da bi je vidjeli. Žene iz tih područja govore Ammi: "Ujutro nas bude zvukovi vatrenog oružja i vrištanja. Djeca se hvataju za nas u strahu i vapaju, a mi se držimo za njih i plačemo. Prošlo je toliko godina od kako nas nije probudio cvrkut ptica." Molimo se da pucanje iz vatrenog oružja na takvim mjestima uskoro zamijene skladni zvukovi cvrkuta ptica te da mladi i stari radosno grcaju od smijeha, umjesto da grcaju od plača.

Amma često osjeća da bi bilo tako lijepo, kad bi bombe, kao u nekoj dječjoj igri, umjesto šrapnela, rasipale čokolade i bombone, kad bi širile predivan, ugodan miris i kad bi osvjetljavale nebo svim duginim bojama. Kad bi barem bljeskovi razaranja bili bljeskovi suosjećanja. S modernim oružjem ciljevi se pogađaju smrtonosnom krajnjom točnošću. Kad bismo barem mi takvom istom preciznošću mogli sućutno doprijeti do siromašnih, gladnih i beskućnika!

Stanimo zajedno i pokažimo svijetu da suosjećanje, ljubav i briga za naše bližnje nisu u potpunosti nestali s lica ove zemlje. Izgradimo novi svijet mira i sklada ostajući duboko ukorijenjeni u univerzalnim vrijednostima koje su hranile čovječanstvo od pamtivijeka. Recimo zbogom ratu i brutalnosti zauvijek, smanjujući ih na predmete iz bajki. Neka nas u budućnosti pamte kao generaciju mira.

||*Om lokah samastah sukhino bhavantu*||

Neka svi svjetovi budu sretni

www.ingramcontent.com/pod-product-compliance
Lightning Source LLC
Chambersburg PA
CBHW070041070426
42449CB00012BA/3132